# LA BATALLA DE VERDÚN

El infierno de las trincheras

Por Romain Parmentier
Traducido por Laura Bernal Martín

Historia en50MINUTOS.es

# LA BATALLA DE VERDÚN

## DATOS CLAVE

- **¿Cuándo?** Del 21 de febrero al 19 de diciembre de 1916.
- **¿Dónde?** En Verdún (Francia).
- **¿Contexto?** La Primera Guerra Mundial (1914-1918).
- **¿Beligerantes?** Francia contra el Imperio alemán.
- **¿Actores principales?**
    - Philippe Pétain, general francés (1856-1951).
    - Erich von Falkenhayn, general alemán (1861-1922).
- **¿Resultado?** Victoria francesa.
- **¿Víctimas?**
    - Bando francés: en torno a 146 000 muertos o desaparecidos y 216 000 heridos.
    - Bando alemán: en torno a 140 000 muertos o desaparecidos y 196 000 heridos.

## INTRODUCCIÓN

La batalla de Verdún no es solo un histórico combate de la Primera Guerra Mundial: es una de las contiendas más atroces e inhumanas de la historia.

El jefe del Estado Mayor alemán Erich von Falkenhayn, que quiere acabar con la guerra de posiciones y «desangrar» al ejército francés, ordena atacar el 21 de febrero de 1916 hacia las 7:15. Desde noviembre de 1914, la guerra de movimientos —que consiste en avanzar todo lo posible en territorio enemigo para ganar terreno— ya no está de actualidad. Los ejércitos están bloqueados en trincheras cavadas en el suelo y ninguno de los dos consigue ganar ventaja: el conflicto se ha convertido en una guerra de posiciones en la que cada uno defiende el sector que se le ha atribuido.

Los alemanes quieren cambiar esta situación y vencer al ejército francés, y con ese objetivo lanzan una ofensiva sobre Verdún. Durante casi diez meses, franceses y alemanes libran un encarnizado combate que puede decidir quién ganará la guerra. Sin embargo, para sorpresa de los alemanes, los soldados franceses —a los que desde entonces se los conoce como «poilus», es decir, «peludos»— resisten con el apoyo de Philippe Pétain, su general. En el infierno lunar en que se convierte Verdún, los franceses acaban venciendo a los alemanes. No obstante, las pérdidas son muy elevadas y, al final, la batalla resulta ser una masacre inútil.

# CONTEXTO POLÍTICO Y SOCIAL

## LAS CAUSAS DE LA PRIMERA GUERRA MUNDIAL

La batalla de Verdún no es un acontecimiento aislado, sino que se inscribe en un contexto militar mucho más amplio: la Primera Guerra Mundial. Este conflicto, que después se conocerá como la «Gran Guerra», se desarrolla entre 1914 y 1918 y enfrenta principalmente a los imperios centrales, es decir, Alemania y Austria-Hungría —coaligadas en la Triple Alianza— contra Francia, el Reino Unido y el Imperio ruso —unidos en la Triple Entente—. Posteriormente, los juegos de alianzas y de cooperación hacen que numerosos países entren en guerra, lo que le confiere al conflicto un carácter mundial.

### ¿SABÍAS QUE...?

El objetivo de la Triple Alianza, creada en 1882, es unir a Alemania, Austria-Hungría e Italia. Los motivos de esta unión política son muchos:

- Alemania desea aislar a una Francia que, desde la guerra franco-alemana de 1870-1871, se muestra cada vez más hostil;
- Austria-Hungría ve en esta unión la oportunidad de conseguir aliados para combatir al expansionismo ruso en los Balcanes;
- Italia quiere mostrarse más fuerte frente al colonialismo francés.

Como respuesta a la Triple Alianza, en 1907 se crea la Triple Entente, integrada por el Reino Unido, Rusia y Francia. Su objetivo: combatir la política expansionista de Alemania.

Cuando empieza el conflicto, Italia afirma que no ha sido consultada antes de la declaración de guerra de Austria-Hungría, por lo que decide abandonar la Triple Alianza y declararse neutra. No obstante, en mayo de 1915, Italia entra en guerra en el bando de los Aliados, lo que pone fin a la Triple Alianza.

En 1914, Europa vive una crisis sin precedentes, originada por varias tensiones:

- la rivalidad económica entre los Estados;
- los deseos expansionistas e imperialistas de algunos países;
- la escalada nacionalista en los Balcanes (península de Europa del Sur, delimitada por el Danubio, el Sava y el Kupa);
- el juego de alianzas entre las potencias estatales.

La suma de todos estos factores solamente puede desencadenar un conflicto generalizado. Lo único que falta es la chispa que prenda la mecha.

El elemento desencadenante tiene lugar el 28 de junio de 1914 en Sarajevo: el archiduque francés Francisco Fernando de Habsburgo (1863-1914), heredero del trono de Austria, es asesinado.

El asesinato del archiduque Francisco Fernando el 28 de junio de 1914. Ilustración publicada en el periódico francés *Le Petit Journal*.

Este atentado demuestra la extrema tensión que vive en la época el sureste de Europa. Los Balcanes, un territorio continuamente codiciado, son el escenario de las rivalidades entre los imperios austrohúngaro, otomano (la actual Turquía) y ruso. En esta época también aparece el nacionalismo eslavo, muy presente en Serbia. En ese momento, Bosnia Herzegovina —cuya capital es Sarajevo— se encuentra bajo dominación austrohúngara, lo que provoca un fuerte rechazo en Serbia, que desea la unificación de los pueblos eslavos en un solo Estado, que será *a posteriori* Yugoslavia. Enseguida se descubre al culpable del atentado: se trata de Gavrilo Princip (1894-1918), un joven nacionalista serbio de Bosnia que quería protestar contra la presencia austrohúngara en los Balcanes. Aunque se trata de un acto aislado, este crimen hace que se active el mecanismo de las alianzas, por lo que se considera el elemento desencadenante de la Primera Guerra Mundial.

Los acuerdos firmados entre los Estados (la Triple Alianza y la Triple Entente) no tardan en transformar una querella regional en una guerra generalizada. Cuando se reconoce la responsabilidad serbia en el atentado del 28 de junio, el Imperio austrohúngaro envía un ultimátum a Serbia el 23 de julio. Pero este país rechaza la colaboración de la policía austríaca en la investigación que se abre para encontrar a los responsables del atentado: aceptarlo habría significado cuestionar la soberanía serbia. Las consecuencias de este rechazo no se hacen esperar: el 28 de julio, Austria-Hungría —con el apoyo de Alemania— le declara la guerra a Serbia. Rusia se considera el Estado protector de los eslavos y un aliado de Serbia, por lo que decreta la movilización general de su ejército. En este momento, aprovechando su alianza con Austria, Alemania ve la oportunidad de imponer sus intereses a Europa y, por ello, le declara la guerra a Rusia el 1 de agosto.

El Imperio alemán lanza un ultimátum a Francia para garantizar su neutralidad, pero esta rechaza doblegarse y comienza a movilizarse. A partir de ese momento, Alemania prepara una estrategia basada en el Plan Schlieffen, que toma el nombre de su creador (Alfred, conde von Schlieffen, mariscal alemán, 1833-1913). Entre 1898 y 1905 —es decir, unos años después de la alianza franco-rusa—, Schlieffen había elaborado una táctica con la que pretendía atacar y derrotar a Francia en solo unas semanas y después luchar contra su aliado, Rusia. El general en jefe del ejército alemán decide aplicar los grandes principios del plan y se prepara para atacar Francia antes de que Rusia comience a luchar en el Este. Una vez Francia haya sido derrotada, lo único que habrá que hacer será transferir a las tropas alemanas para luchar contra Rusia. Para lograr su objetivo, Alemania lanza un ultimátum a Bélgica para que deje que su ejército atraviese el país, pero Bélgica se niega. El 3 de agosto, Alemania le declara la guerra a Francia y, al día siguiente, ataca Bélgica. Inglaterra, garante de la neutralidad belga, entra entonces en el conflicto y le declara la guerra a Alemania.

Aunque en un primer momento el conflicto es fundamentalmente europeo, con el paso del tiempo la búsqueda de aliados lo transforma en una guerra mundial.

## DE LA GUERRA DE MOVIMIENTOS A LA GUERRA DE TRINCHERAS

Al principio, la Primera Guerra Mundial se desarrolla como cualquier otro conflicto, es decir, como una guerra de movimientos en la que los ejércitos enfrentados intentan avanzar lo más rápido posible y llegar tan lejos como puedan dentro de la zona enemiga para adueñarse de su territorio. Esto es lo que hace Alemania, que pone en marcha el Plan Schlieffen y espera vencer enseguida a Francia para después combatir a Rusia. Una victoria sobre estos dos enemigos sería una garantía de expansión económica y territorial de su imperio.

Con este objetivo, el jefe del Estado Mayor alemán Helmuth Johannes von Moltke (1848-1916) aplica el plan de guerra en agosto de 1914 con la invasión de Bélgica. Entonces, se da cuenta de que el ejército belga está mal organizado y de que no aguantará. Pero se equivoca: los soldados belgas resisten y consiguen frenar durante ocho días la ofensiva alemana. Este lapso de tiempo es suficiente para que los soldados británicos y franceses entren en el país y luchen contra el ejército alemán. Sin embargo, los Aliados se ven obligados progresivamente a retirarse debido al horror de los combates, a la falta de entrenamiento del ejército francés, a su anticuada estrategia militar y a un mal uso de la artillería. Entonces, los alemanes avanzan en dirección a París y, el 2 de septiembre de 1914, el ejército enemigo entra en el departamento del Marne, obligando al Gobierno francés a trasladarse a Burdeos. Lejos de desanimarse, el general Joseph Joffre (1852-1931), comandante del ejército francés, ordena la resistencia de las tropas en la zona del Marne y lanza un contrataque.

### ¿Sabías que...?

La batalla del Marne tiene lugar entre el 6 y el 13 de septiembre de 1914 y enfrenta a Francia y a Inglaterra contra el Imperio alemán. Los alemanes avanzan hacia París siguiendo el Plan Schlieffen, pero los franceses se dan cuenta de que una parte del ejército alemán ya no se encamina a la capital francesa, sino que se dirige hacia el Marne, ofreciendo su flanco al ejército francés. Entonces, las fuerzas francesas lanzan una potente contraofensiva. Para evitar el caos en el norte del frente, se envía un gran número de soldados de refuerzo gracias a taxis parisinos requisados para la ocasión. Tras algunos días de batalla, los franceses logran frenar a los alemanes y hacer fracasar el Plan Schlieffen. El resultado es trágico: en el bando francés mueren unas 80 000 personas, mientras que el bando alemán lamenta la muerte o la desaparición de 250 000 hombres.

La batalla del Marne es una victoria para los franceses, que consiguen frenar a los alemanes. La línea del frente se estabiliza progresivamente y, ante la potencia del fuego y la extremada violencia de los combates, los ejércitos se esconden bajo tierra. Es el fin de la guerra de movimientos, que deja paso a la guerra de trincheras.

Soldados alemanes en el frente en la batalla del Marne.

## LAS CONSECUENCIAS SOCIOECONÓMICAS

En los países beligerantes, la vida cotidiana se ve transformada desde el comienzo de los combates. La guerra precisa de grandes esfuerzos materiales y humanos y, en plena época de cosecha, los franceses se ven obligados a alistarse en el ejército. El sector industrial también es abandonado, por lo que toda actividad económica funciona al ralentí.

El fin de la guerra de movimientos no hace más que acentuar esta transformación. La guerra, que solo debía durar unos meses, se estanca en las trincheras y en el horizonte se comienza a dibujar la posibilidad de un conflicto mucho más largo, lo que tiene inevitables consecuencias en términos de aprovisionamiento: las vías de comunicación se requisan en favor del transporte de armamento y de víveres destinados al frente, lo que perjudica gravemente al comercio. Ahora la guerra afecta a todos los sectores de la sociedad y, a partir de ese momento, se comienza a hablar de guerra total.

En una Alemania al borde de la asfixia económica, la situación es incluso más crítica. Su economía, basada fundamentalmente en el sector industrial, depende de las importaciones de materias primas. El sector de la agricultura también se ve muy afectado y el Imperio alemán no puede garantizarse su propia subsistencia. Además, los Aliados aprovechan para explotar la situación e imponen un bloqueo comercial que impide que cualquier país, incluso neutro, le procure materias primas. Este hecho tendrá nefastas consecuencias en la sociedad: los alemanes, que ven cómo su nivel de vida baja, acabarán oponiéndose a la guerra. En 1917, el país evita de milagro una revolución comunista similar a la acontecida en Rusia ese mismo año. Para Alemania, salir de la guerra se convierte enseguida en una necesidad imperante.



**¿SABÍAS QUE...?**

En 1917, Rusia está sumida en una crisis total. A los soldados enviados al frente les faltan armas y la situación del país es catastrófica. El coste de vida es cada vez más elevado, y la gente no es capaz de alimentarse. En febrero, estallan manifestaciones y huelgas en Petrogrado (la actual San Petersburgo), que después se extienden por prácticamente todo el país. El pueblo se subleva y, en marzo, los obreros que protestan consiguen disponer de armas gracias a que una parte del ejército se une a la causa. El zar Nicolás II (1868-1918), impotente ante unos acontecimientos que destrozan su país, abdica en favor de su hermano, que rechaza el trono. Aunque se establece un Gobierno provisional, el poder burgués y popular siguen enfrentados y la situación no mejora lo más mínimo. Rápidamente, el revolucionario ruso Lenin (1870-1924) reanuda las hostilidades y desata la insurrección de octubre. El golpe de Estado resulta en la creación de la República Socialista Federativa Soviética de Rusia y en un régimen comunista.

## VERDÚN, UN LUGAR ESTRATÉGICO PARA ALEMANIA

Ante el riesgo de crisis económica, Alemania se da cuenta de que tiene que poner fin a la guerra lo antes posible. Entonces, el Imperio busca negociar con diversos países una paz en la que impone sus condiciones, pero todas las negociaciones fracasan. Por ello, solo queda una solución para acabar con el conflicto: continuar combatiendo y vencer.

El general Erich von Falkenhayn, que reemplaza a Helmuth

Johannes von Moltke tras el revés sufrido en la batalla del Marne, traza un plan de ofensiva para el frente oeste que se iniciará en diciembre de 1915. Lo que se pretende es obligar a Francia a participar en una batalla de desgaste que, poco a poco, acabará con sus reservas. Solo falta encontrar un lugar en el que combatir: el sitio elegido es Verdún.

Se elige la ciudad de Verdún porque es un objetivo estratégico. En realidad, se trata de la piedra angular del frente francés y, además, tiene un valor sentimental para Francia, que no querrá abandonarla. Asimismo, a los alemanes les ofrece muchas ventajas:

- el frente francés dibuja un saliente alrededor de la ciudad, lo que le permite al ejército alemán atacar los flancos;
- la ciudad está atravesada por el río Mosa, que divide en dos el campo de batalla, lo que dificulta aún más la defensa de la ciudad. Además, está encerrada en el valle, lo que permite que la artillería alemana pueda dominarla;
- los franceses solo cuentan con una única vía de comunicación para recibir el avituallamiento, mientras que, del lado alemán, la zona de Verdún está muy bien comunicada por líneas de ferrocarril, algo que facilita el aprovisionamiento;
- los fuertes situados en la ciudad no están lo suficientemente protegidos, ya que el general Joseph Joffre ha retirado una gran parte de la artillería para utilizarla en otros combates.

Mediante este ataque, los altos mandos alemanes esperan atraer a las fuerzas francesas, aplastarlas y, en palabras de Erich von Falkenhayn, «desangrar al ejército francés» (Solar

2016). La consecuencia de una operación de este calibre sería el doblegamiento de Francia y la firma de un acuerdo de paz respetando las condiciones alemanas. Después, los únicos que quedarían en pie serían los británicos, en el oeste, que no podrían aguantar mucho tiempo.

# ACTORES PRINCIPALES

## PHILIPPE PÉTAIN, GENERAL FRANCÉS

Philippe Pétain es un general francés de la Gran Guerra. Cuando estalla el conflicto, enseña en calidad de coronel en la Escuela de Guerra y está a punto de jubilarse. En sus clases, ofrece a sus alumnos teorías totalmente innovadoras: se opone a las concepciones militares vigentes en la época al rechazar la doctrina de la ofensiva a ultranza, según la cual se consigue la victoria si se moviliza de forma masiva a tropas armadas. Se basa en una idea muy lógica: «el fuego mata» (Planells 2012, 25). A partir de ese momento preconiza economizar en vidas humanas y recurrir más a la artillería. La violencia de los combates en 1914 le da la razón y vuelve a la carrera militar. Es nombrado general de brigada y, a continuación, dirige un cuerpo del ejército que participa en la batalla del Marne.

El año 1916 transforma por completo el estatus de Philippe Pétain. Ante la brutalidad de la ofensiva alemana, el general Joseph Joffre lo elige para ocuparse de la defensa de Verdún, donde el ejército francés está en un aprieto. Entonces, Philippe Pétain se convierte en su salvador. Refuerza la única vía de avituallamiento de la ciudad, que pasa a llamarse «Vía Sagrada» y, preocupado por la moral de las tropas, organiza la rotación de las divisiones armadas. Muestra cercanía con sus soldados y no duda en animarlos, como confirma su orden del día del 9 de abril de 1916: «¡Ánimo, ya son nuestros!» (Solar 2016). No obstante, debido a su falta de carácter ofensivo, en mayo de 1916 es reemplazado por el general Georges Robert Nivelle (1856-1824). Este último frena progresivamente a los alemanes y pone fin a la batalla en diciembre de 1916. Sin embargo, la historia reconoce a Philippe Pétain como el verdadero vencedor de Verdún.

Más adelante, la autoridad de Philippe Pétain se extiende al grupo de ejércitos del centro y, en 1917, pasa a liderar a todo el ejército. Entonces debe enfrentarse a las consecuencias del fracaso de Georges Robert Nivelle en la batalla del Camino de las Damas y logra evitar la disolución del ejército francés. No quiere que se pierdan vidas, por lo que decide esperar la llegada de los americanos antes de retomar las ofensivas. Tras el armisticio de 1918, Philippe Pétain es nombrado mariscal de Francia.

### ¿SABÍAS QUE...?

El Camino de las Damas es una carretera departamental de unos treinta kilómetros situada entre el Aisne y el Ailette. El general Georges Robert Nivelle desea atacar a los alemanes en ese punto para ganarle terreno al enemigo, pero el general alemán Erich Ludendorff (1865-1937) descubre los planes de los franceses gracias a un soldado capturado. Por ello, los alemanes se muestran muy bien preparados durante el ataque y combaten ferozmente a los franceses, que se niegan a rendirse. Al final, los alemanes salen victoriosos, y las pérdidas son elevadas: se calcula que fallecen 40 000 soldados en el bando francés; el bando alemán, por su parte, sufre menos pérdidas: 21 000 soldados, la mayoría hechos prisioneros.

Con todo, la trayectoria de Philippe Pétain no se detiene ahí. Amparado por su popularidad, vuelve a ser llamado durante la Segunda Guerra Mundial (1939-1945): se convierte en ministro de Guerra y, más tarde, en presidente del Consejo. Sin embargo, esta vez el resultado no será tan positivo. Tras acordar un armisticio con los alemanes en 1940, lidera el régimen de Vichy (capital de lo que queda de Francia) en la zona de la Francia Libre, y después colabora cada vez más con el régimen nazi, incluyendo en la cuestión de la deportación de los judíos. En 1945 es detenido por las nuevas autoridades francesas, y la Corte Suprema de Justicia lo condena a muerte por traición. No obstante, Charles de Gaulle (hombre de Estado francés, 1890-1970) le conmuta la pena por la cadena perpetua en la isla de Yeu, donde muere en 1951.

## ERICH VON FALKENHAYN, GENERAL ALEMÁN

Erich von Falkenhayn es un general alemán que participa en la Primera Guerra Mundial. Cuando estalla el conflicto, es ministro de Guerra. En septiembre de 1914, el general Helmuth Johannes von Moltke fracasa en la batalla del Marne, y Von Falkenhayn se hace con el alto mando del ejército alemán, donde destaca con varias victorias en el frente este en 1915. No obstante, ya no cree en una victoria militar, sino más bien en una paz política que podría firmarse después de agotar al ejército enemigo.

Planifica la batalla de Verdún de diciembre de 1915 con vistas a lograr este objetivo, y decide lanzar una guerra de desgaste sobre la ciudad, consciente de la debilidad moral de los soldados franceses. De esta forma, desea atraer a las fuerzas francesas a esta zona para acabar con ellas progresivamente gracias a ataques violentos, despreciando la vida humana. A pesar de que durante los primeros meses los alemanes logran avanzar, la ofensiva de Verdún se salda con un fracaso. La resistencia francesa da sus frutos y pone punto final a la carrera de Erich von Falkenhayn, que es reemplazado por el general Paul von Hindenburg (1847-1934) en agosto de 1916. Sin embargo, continúa la guerra en el frente oriental dirigiendo a un cuerpo del ejército en Rumanía (1916) y después en Palestina (1917-1918). Tras la guerra, escribe sus memorias y fallece en 1922 cerca de Potsdam (Alemania).

# ANÁLISIS DE LA BATALLA

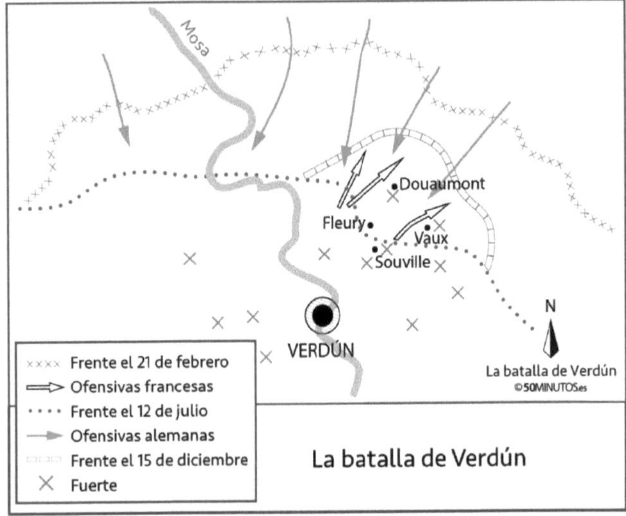


La batalla de Verdún

## LOS PREPARATIVOS

A primera vista, la ciudad fortificada de Verdún parece estar muy bien defendida, y se podría incluso pensar que es inexpugnable. Está rodeada de montes y de colinas que bordean el valle del Mosa y, para protegerla, dispone de 19 fuertes y de 19 grandes fortificaciones de infantería. El más importante es el fuerte de Douaumont, que culmina a unos 400 metros de altitud al noreste de la ciudad, en la ribera derecha del Mosa. Sin embargo, esta impresión de poder es ilusoria. De hecho, en agosto de 1915, los altos mandos franceses creen que la ciudad no será atacada y deciden retirar de los fuertes casi 200 cañones: ahora solo quedan 263. Además, el número de guarniciones presentes en el terreno se reduce a una decena de hombres.

En el bando alemán, los preparativos del ataque a Verdún comienzan en cuanto se aprueba el plan de Erich von Falkenhayn. El mando de las operaciones se le atribuye al príncipe heredero prusiano Federico Guillermo (1882-1951), apodado «Kronprinz» (que significa «príncipe heredero» en alemán). El asalto se prevé inicialmente para el 12 de febrero de 1916, y se decide bautizarlo como Gericht, es decir, el «juicio». Para el ataque, se preparan 1225 piezas de artillería de todo tipo, que se envían a Verdún. Al mismo tiempo, se transportan dos millones y medio de obuses por tren. Finalmente, se reclutan 140 000 soldados de infantería, que acuden a la misma zona. Esta fase de preparación es complicada: hay que evitar llamar la atención de los franceses y mantener en secreto el ataque. Para evitar que los franceses se percaten de su presencia, los alemanes se hacen con el dominio del medio aéreo. Lo único que los altos mandos alemanes no han previsto es el tiempo: una tormenta retrasa nueve días el ataque. Durante ese lapso del tiempo, hay que mantener el secreto, seguir escondidos y esperar que ningún desertor avise al bando enemigo.

Sin embargo, todo esto llega a oídos de los franceses: los servicios de información se han dado cuenta de la agitación entorno a la ciudad y han avisado de la posibilidad de un ataque. Sin embargo, nadie los cree. Con todo, los soldados franceses apostados en Verdún corroboran estas advertencias, ya que escuchan los preparativos al otro lado del frente día tras día. Aunque toma precauciones, el general Joseph Joffre envía dos divisiones, pero los soldados están mal preparados y no se imaginan el infierno que están a punto de vivir. El 20 de febrero, un desertor alsaciano avisa a los franceses de que el ataque tendrá lugar al día siguiente, pero no lo toman en serio. Solo unos días más tarde el general Joseph Joffre se dará cuenta del carácter decisivo de la batalla de Verdún.

## EN EL INFIERNO DE LOS CAÑONES

En la madrugada del 21 de febrero de 1916, los alemanes están guiados por una idea simple: «la artillería conquista, la infantería ocupa» (Keegan 2013). Esta última frase, aunque la formula Philippe Pétain, también guía a partir de ese momento la forma de pensar de los distintos ejércitos beligerantes, empezando por los alemanes. Alemania utiliza los cañones a ultranza con el objetivo de agotar a las fuerzas francesas y despejar el camino hacia Verdún. A las 7:15 aproximadamente, un cañón de la marina situado treinta kilómetros por detrás de las líneas alemanas lanza el primer obús, que aterriza en el patio del obispado de Verdún. Este cañonazo marca el comienzo de un bombardeo continuo y sin tregua que dura más de nueve horas. La historia militar nunca había conocido nada así, sobre todo teniendo en cuenta que la zona de ataque solo se extendía a lo largo de una decena de kilómetros. Comienza una guerra material y salvaje que no cesa hasta que parece que no queda nada vivo. El paisaje que rodea Verdún se transforma en un día: los bosques de los alrededores son pulverizados por los obuses, las trincheras se destruyen y las alambradas quedan destrozadas. El incesante bombardeo lleva a la locura a los pocos supervivientes que quedan, y con motivo: el primer día caen sobre el campo de batalla más de un millón de obuses.

Soldados bajo los cañonazos en el campo de batalla de Verdún.

Después de la artillería, es el turno de la infantería alemana, cuya misión es llegar a la primera línea de trincheras y descubrir dónde se encuentra la segunda a través de un paisaje lunar lleno de cráteres. A pesar de su inflexible voluntad de resistencia, los supervivientes franceses no pueden más que retrasar el avance alemán, incapaces de frenarlo. Y por si esta situación no fuera lo suficientemente terrible, los alemanes deciden emplear contra los franceses una nueva arma: el lanzallamas, que convierte a los soldados en antorchas humanas. En Verdún, todo está permitido: fusiles, bayonetas, metralletas, granadas, minas o incluso gases extremadamente tóxicos. Los franceses, desamparados, se ven obligados a abandonar la primera línea de trincheras para replegarse a sus posiciones fortificadas. Aunque el avance alemán es menos potente de lo previsto, la misión del primer día se cumple.

Durante los siguientes días, el asalto continúa con la misma violencia. El 24 de febrero, solo los fuertes y algún que otro grupo de hombres obstaculiza aún el camino a los alemanes, pero el fuerte de Douaumont está ahora al descubierto. El 25 de febrero es atacado: los soldados alemanes, precedidos por los disparos de la artillería, embisten contra el fuerte y descubren que solo hay una guarnición de 60 hombres de edad avanzada que se rinden sin combatir. La victoria resuena por toda Alemania: están a solo siete kilómetros de Verdún. Sin embargo, el ejército francés aún no ha dicho la última palabra.

## EL SALVADOR DE VERDÚN

Ante la desastrosa situación del ejército francés, el general Joseph Joffre envía al 2.º Ejército, comandado por el general Philippe Pétain, para que ayude a las tropas de Verdún. Este último se encarga del control de la orilla izquierda del Mosa, pero también de dirigir las operaciones sobre el margen derecho, que hay que defender a todo precio. Entonces decide unir a toda la artillería y hacer sufrir a los alemanes tanto como ellos han sufrido.

Philippe Pétain llega al frente el 26 de febrero, y en un solo día reorganiza la logística. La línea ferroviaria es demasiado antigua como para ser utilizada, por lo que solo queda una vía de acceso a Verdún: una pequeña carretera departamental de apenas seis metros de ancho que une Bar-le-Duc con Verdún. Por lo tanto, esta es la única vía que tiene el ejército para hacer llegar suministros y será bautizada por Maurice Barrès (escritor y político francés, 1862-1923) como la «Vía Sagrada». Philippe Pétain requisa 3000 camiones llegados de toda Francia que circulan pegados los unos a los otros día tras día, durante las veinticuatro horas, para avituallar al ejército. Cada día pasan unos 6000 camiones, es decir, uno cada 14 segundos.

Para mantener alta la moral de las tropas, Philippe Pétain también organiza la rotación de los cuerpos del ejército, de manera que, en unos meses, dos tercios del ejército francés combaten en Verdún.

Primera rotación de las tropas, que tiene lugar el 26 de febrero de 1916.

Esto contribuye a que la batalla parezca un combate en el que participa toda una nación, y el horror del campo de batalla entra en la memoria colectiva. Aunque las tropas disponen de tiempo de descanso, el constante miedo de regresar a ese infierno nunca las abandona.

Hasta ese momento, el plan de Erich von Falkenhayn funciona. El ejército francés está concentrado en Verdún, pero los avances alemanes son cada vez más lentos y el número de hombres caídos en sus filas aumenta. En marzo, la artillería francesa no para de bombardear las líneas alemanas en la orilla izquierda del Mosa. Entonces, el alto mando alemán decide lanzar una ofensiva en esta región y hacerse con la colina conocida como «El Hombre Muerto» y la Cota 304 que lleva al fuerte de Vaux, pero las diversas tentativas se saldan con fracasos. Así, a finales de marzo, las bajas alemanas se elevan a 80 607 víctimas, es decir, 7000 menos que las francesas. Habrá que esperar hasta principios del mes de mayo para que la Cota 304 —que ahora solo mide 297 metros, y no los 304 iniciales— caiga en manos de los alemanes, como consecuencia de un bombardeo de la artillería alemana más intenso aún que el del 21 de febrero. Poco después, los alemanes también se hacen con la colina del Hombre Muerto. Con todo, el precio de esta victoria es muy alto. Con la llegada del verano, las condiciones de vida de los soldados se vuelven intolerables. El suelo, que no es más que un barrizal, está cubierto de cadáveres despedazados por los obuses, que se descomponen y que, con el calor, vuelven el aire cada vez más irrespirable. La disentería afecta a los soldados de ambos bandos.

## EL RESULTADO DE LA BATALLA: UNA MASA-CRE INÚTIL

En mayo, Joseph Joffre decide reemplazar a Philippe Pétain por el general Georges Robert Nivelle para adoptar una actitud más ofensiva en Verdún y preservar las reservas. A Nivelle, a diferencia de su predecesor, le preocupan poco las pérdidas humanas, y lanza una serie de ataques a cada cual más mortífero. Llegados a este punto, la batalla está fuera de control y ambos bandos se hostigan constantemente en una guerra de desgaste.

A pesar de todo, a principios de junio continúa el avance alemán con la toma del fuerte de Vaux, protegido por 500 resistentes franceses, a los que se enfrentan en violentos combates. El siguiente objetivo de los alemanes es el fuerte de Souville, al que llegan el 11 de julio y que supone el apogeo del avance alemán. Ante una fuerte resistencia por parte del ejército francés, los alemanes no llegarán más allá e incluso serán expulsados del fuerte de Souville al día siguiente.

Mientras tanto, el 1 de julio se crea un nuevo frente en la región del Somme. Esta batalla permite cambiar el paisaje estratégico del frente, y Erich von Falkenhayn, obligado a enviar tropas a la zona, tiene que poner al ejército de Verdún en posición de defensa y reducir sus efectivos. Esta situación conlleva la destitución del general, que es reemplazado por Paul von Hindenburg el 29 de agosto.

El general Paul von Hindenburg reorganiza el ejército alemán en una estricta posición defensiva el 2 de septiembre, decisión que marca el fracaso de los alemanes. A partir del 24 de octubre, Francia encadena la recuperación del territorio perdido y de los fuertes. El 15 de diciembre, un nuevo ataque francés aleja a tres kilómetros del fuerte de Douaumont la línea del frente y el 19 de diciembre la situación vuelve a la normalidad. La agonía de Verdún se acaba con una victoria de los franceses.

Al final, ninguna de las dos partes sale ganando: nadie ha podido hacerse con una ventaja y la masacre con la que se saldan los combates no ha servido de nada. Las pérdidas son muy elevadas:

- el bando francés cuenta con 146 000 muertos y 216 000 heridos;
- el bando alemán, por su parte, contabiliza 140 000 muertos y 196 000 heridos.

Así, la batalla de Verdún se convierte en la segunda más mortífera de la Primera Guerra Mundial, por detrás de la del Somme. La estrategia de Erich von Falkenhayn ha «desangra[do]» (Solar 2016) tanto al ejército francés como al alemán. Su error fue creer que los franceses harían exactamente lo que los alemanes esperaban, es decir, que su baja moral los desorientara. Con todo, en Verdún se asiste al combate de toda una nación que lucha por proteger a Francia.

# REPERCUSIONES DE LA BATALLA

## UNA BATALLA CON TRÁGICAS CONSECUENCIAS

Hoy en día, la opinión de los historiadores es unánime: la batalla de Verdún es una sangrienta aberración que provoca la muerte en vano de miles de soldados. Y es que el resultado de la batalla no solo es desastroso a nivel de pérdidas humanas, puesto que una vez concluido el conflicto:

- no se ha podido realizar ningún cambio de posición estratégico, ya que ambos bandos han regresado a su posición inicial;
- los soldados alemanes y franceses están extenuados y marcados para siempre por graves heridas, tanto que para hablar de las víctimas se habla de «gueules cassées» (las «caras rotas»);
- contrariamente a los deseos de los alemanes, la guerra no se acerca a su fin.

Sin embargo, la batalla de Verdún tiene varias consecuencias, entre ellas el estallido de la batalla del Somme en julio de 1916, en la que pierden la vida muchísimos hombres —tanto franceses como alemanes— y que acaba haciendo que toda victoria sobre el frente occidental sea imposible. La batalla del Somme se inicia al mismo tiempo que la batalla de Verdún con el fin de intentar frenar la ofensiva alemana y atraer así al enemigo a otra zona. No obstante, se trata de la batalla más sangrienta de la Primera Guerra Mundial, ya que actualmente se calcula que en total hubo un millón doscientas mil víctimas.

## LA ENTRADA EN GUERRA DE LOS ESTADOS UNIDOS

Estos fracasos son importantes para Alemania, que se arriesga a caer en la asfixia económica ahora que está rodeada por las potencias de la Entente. En 1917, el emperador alemán Guillermo II (1859-1941) no tiene más remedio que autorizar la guerra submarina a ultranza. Los altos mandos alemanes torpedean cualquier navío que se dirija a Inglaterra con el objetivo de desanimar a los británicos y hacer que abandonen la guerra. Si lo hicieran, Alemania podría acabar más fácilmente con los franceses. Sin embargo, esta guerra submarina no desanima al Reino Unido, e incluso acaba provocando que los estadounidenses entren en el conflicto.

En 1914, los Estados Unidos eligen la neutralidad; sin embargo, esta postura evoluciona considerablemente hasta 1917. Ya en 1915, un submarino alemán hunde un buque civil británico, el Lusitania, que transporta a 128 ciudadanos estadounidenses, lo que conmociona a la opinión pública del país. En 1917, la política de Alemania no hace más que empeorar las cosas, y la situación se deteriora aún más después de que los alemanes traten de implicar a México en una guerra contra los Estados Unidos. Estos últimos le declaran la guerra a Alemania el 2 de abril de 1917 y, con ello, cambian la relación de fuerzas del frente occidental a pesar del fin de la guerra en el Este (gracias al Tratado de Brest-Litovsk ratificado en marzo de 1918 por los imperios centrales).

Como consecuencia, la batalla de Verdún cambia la política alemana, lo que conlleva la implicación de los Estados Unidos en la guerra. Entonces, esta última toma un rumbo completamente distinto y precipita la caída del Imperio alemán.

## UNA ZONA DEVASTADA

Las consecuencias de la batalla en Verdún son irreparables. Los árboles y la hierba han vuelto a crecer, eso es cierto, pero el paisaje está marcado para siempre por los cráteres de los obuses, algunos de los cuales aún no han explotado. Después de la batalla, algunos pueblos llegan incluso a desaparecer del mapa, reducidos a pueblos fantasmas, lugares desiertos en los que a menudo solo subsiste una capilla construida después de la batalla.

Finalmente, el horror de Verdún por el que pasaron tantos soldados franceses y alemanes se ha convertido en el símbolo de las tragedias acontecidas durante la Primera Guerra Mundial. Cuando acaba el conflicto, se comienza a construir un memorial y un osario para que nadie olvide las atrocidades que allí se cometieron. Sin embargo, la masacre de Verdún no evitará que el mundo vuelva a sumirse en un nuevo conflicto mundial en 1939.

Unos años más tarde, como si de una repetición de la historia se tratara, la batalla de Stalingrado (17 de julio de 1942-2 de febrero de 1943) acabará igual que la de Verdún: un ejército ofensivo alemán fracasa ante la resistencia rusa, en detrimento de una ciudad completamente destruida y de miles de víctimas en ambos bandos.

# EN RESUMEN

**1915**

*Dic.:* Erich von Falkenhayn planea
la ofensiva de Verdún

**1916**

*21 feb.:* ataque de Verdún
*26 feb.:* llegada de Philippe Pétain al frente
*May.:* Philippe Pétain es reemplazado
por Georges Robert Nivelle
*1 jul.:* inicio de la batalla del Somme
*29 ag.:* Erich von Falkenhayn es reemplazado
por Paul von Hindenbur
*18 nov.:* fin de la batalla del Somme
*19 dic.:* fin de la batalla de Verdún



- La batalla de Verdún de 1916 es uno de los principales combates de la Primera Guerra Mundial, que comienza en 1914 tras el asesinato del archiduque Francisco Fernando en Sarajevo. El juego de alianzas entre los Estados europeos lleva al estallido de un conflicto generalizado.

- Alemania le declara la guerra a Francia y a Rusia. Para evitar tener que enfrentarse a dos frentes, Alemania decide atacar primero Francia y vencerla rápidamente.

- Sin embargo, tras un importante avance, se frena al ejército alemán y los soldados se entierran en las trincheras.

- El general alemán Erich von Falkenhayn quiere romper este inmovilismo, y para ello decide lanzar una ofensiva sobre Verdún, piedra angular del frente francés.

- Tras varias semanas de preparación, el 21 de febrero de 1916 se lanza el ataque. La primera fase de la ofensiva consiste en bombardear sin cesar el terreno con artillería: los cañones destrozan durante horas los alrededores de Verdún. A continuación, la infantería alemana toma el relevo y repele al ejército francés.
- Ante esta catastrófica situación, el Estado Mayor francés le entrega el liderazgo del ejército a Philippe Pétain, el auténtico salvador de Verdún, que organiza el suministro de municiones y establece un sistema de rotación de tropas.
- El avance alemán continúa hasta el 11 de julio. Sin embargo, el declive de la ofensiva alemana en Verdún se ve marcado por el inicio de la batalla del Somme el día 1 de julio y por la destitución de Erich von Falkenhayn en agosto.
- Al final, el frente vuelve a su posición inicial. La batalla se percibe como una masacre inútil que ocasiona muchas pérdidas:
  - en el bando francés, se contabilizan 146 000 muertos y 216 000 heridos;
  - en el banco alemán, se contabilizan 140 000 muertos y 196 000 heridos.

*¡Tu opinión nos interesa!*
*¡Deja un comentario en la página web de tu librería en línea,*
*y comparte tus favoritos en las redes sociales!*

# PARA IR MÁS ALLÁ

## FUENTES BIBLIOGRÁFICAS


- Colectivo. 2007. "Première Guerre mondiale. La Société des Nations". *Histoire universelle. Les Guerres mondiales*. París: Hachette.
- Communauté d'Agglomération du Grand Verdun et de la Ville de Verdun, "La Bataille de Verdun". Consultado el 10 de febrero de 2017. http://www.verdun.fr/Terre-d-Histoire/Verdun-et-la-Grande-Guerre/La-Bataille-de-Verdun
- Chautard, Sophie y Masri Féki. 2012. "Verdun (21 février-18 décembre 1916)". *Les Grandes Batailles de l'histoire*. Nanterre: Studyrama.
- Genevoix, Maurice y Raymond Poidevin. 1976. *Verdun 1916. Actes du colloque international sur la bataille de Verdun (6-7-8 juin 1975)*. Nancy: Association Nationale du Souvenir de la Bataille de Verdun.
- Hardier, Thierry y Jean-François Jagielski. 2001. *Combattre et mourir pendant la Grande Guerre. 1914-1925*. París: Imago.
- Krumeich, Gerd y Stéphane Audoin-Rouzeau. 2004. "Les Batailles de la Grande Guerre". *Encyclopédie de la Grande Guerre. 1914-1918*. París: Bayard.
- Le Naour, Jean-Yves. 2008. "Erich von Falkenhayn". *Dictionnaire de la Grande Guerre*. París: Larousse.
- Le Naour, Jean-Yves. 2008. "Philippe Pétain". *Dictionnaire de la Grande Guerre*. París: Larousse.
- Le Naour, Jean-Yves. 2008. "Verdun". *Dictionnaire de la Grande Guerre*. París: Larousse.

- Miquel, Pierre. 1995. *Mourir à Verdun*. París: Tallandier.
- Keegan, John. 2013. *El rostro de la batalla*. Traducido por Juan Narro Romero. Madrid: Turner Publicaciones S. L.
- Solar, David. 2016. "Verdún, la batalla de los 303 días". *La Razón*. 21 de diciembre. Consultado el 10 de febrero de 2017. http://www.larazon.es/cultura/verdun-la-batalla-de-los-303-dias-LA14145907
- Solar, David. 2016. "Verdún: un millón de granadas para desangrar a Francia". *La Razón*. 21 de febrero. Consultado el 10 de febrero de 2017. http://www.larazon.es/cultura/verdun-un-millon-de-granadas-para-desangrar-a-francia-id12002587
- Planells Clavero, Antonio José. 2012. *Pétain, De Gaulle y Franco*. Madrid: Bubok.
- Prior, Robin y Trevor Wilson. 2001. *La Première Guerre mondiale. 1914-1918*. París: Autrement.

## FUENTES COMPLEMENTARIAS

- Becker, Jean-Jacques y Gerd Krumeich. 2012. *La Grande Guerre. Une histoire franco-allemande*. París: Tallandier.
- Canini, Gérard. 1988. *Combattre à Verdun. Vie et souffrance quotidiennes du soldat (1916-1917)*. Nancy: Presses universitaires de Nancy.
- Carlier, Claude y Guy Pedroncini. 1997. *La Bataille de Verdun*. París: Economica.
- Castex, Henri y Anatole Castex. 2008. *Verdun. Années infernales. Lettres d'un soldat au front (août 1914-septembre 1916)*. París: Imago.
- Conrad, Philippe. 1979. *Verdun. La Bataille d'usure*. París: Atlas.

- Gillet, Louis. 2013. *La Bataille de Verdun*. Val-de-Marne: LaVille Éditions.
- Lefebvre, Jacques-Henri. 2008. *Images de la bataille de Verdun*. Fontainebleau: Le Fantascope.
- Lefebvre, Jacques-Henri. 2000. *Verdun. La Plus Grande Bataille de l'histoire racontée par les survivants*. Verdún: Éditions du Mémorial.
- Loiseau, Laurent y Géraud Bénech. 2006. *Carnets de Verdun*. París: Librio.
- Pétain, Philippe. 1929. *La Bataille de Verdun*. París: Payot.
- Soudagne, Jean-Pascal y Jean-Pierre Verney. 2009. *La Bataille de Verdun*. Rennes: Ouest-France.

## FUENTES ICONOGRÁFICAS

- El asesinato del archiduque Francisco Fernando el 28 de junio de 1914. Ilustración publicada en el periódico francés *Le Petit Journal*. La imagen reproducida está libre de derechos.
- Soldados alemanes en el frente en la batalla del Marne. La imagen reproducida está libre de derechos.
- Soldados bajo los cañonazos en el campo de batalla de Verdún. La imagen reproducida está libre de derechos.
- Primera rotación de las tropas, que tiene lugar el 26 de febrero de 1916. La imagen reproducida está libre de derechos.

## PELÍCULAS Y DOCUMENTALES

- *Verdun, visions de l'histoire (Verdún, visiones de la historia)*. Dirigido por Léon Poirier. Francia: Compagnie

Universelle Cinématographique, 1928.
- *Senderos de gloria*. Dirigida por Stanley Kubrick, con Kirk Douglas, Ralph Meeker y George Macready. Estados Unidos: Bryna Productions, 1957.
- *Le Siècle de Verdun (El siglo de Verdún)*. Dirigido por Patrick Barberis, con Antoine Prost, Pierre Laborie y Gert Krumeich. Francia: ARTE France, Image & Compagnie, 2006.
- *Verdun, aux portes de l'enfer (Verdún, a las puertas del infierno)*. Dirigido por Olivier Halmburger y Stefan Brauburger. Alemania: Arte, 2006.

## MUSEOS Y EDIFICIOS CONMEMORATIVOS

- El memorial de Verdún situado en el emplazamiento de la estación de Fleury-devant-Douaumont, Francia.
- La base de la retaguardia alemana situada en el cantón de Spincourt, Francia.
- El fuerte de Douaumont, Francia.
- El osario de Douaumont, Francia.
- El fuerte de Vaux, Francia.
- El pueblo en ruinas de Fleury, Francia.

en50MINUTOS.es
Historia
Economía y empresa
Coaching
EL DIAGRAMA DE ISHIKAWA
Material    Método    Máquina
Madre Naturaleza    Medida    Hombres
LA GUERRA DE PALESTINA DE 1948
DOMINA EL ARTE DEL NETWORKING